BEI GRIN MACHT SICH IHR WISSEN BEZAHLT

- Wir veröffentlichen Ihre Hausarbeit,
  Bachelor- und Masterarbeit

- Ihr eigenes eBook und Buch -
  weltweit in allen wichtigen Shops

- Verdienen Sie an jedem Verkauf

Jetzt bei www.GRIN.com hochladen
und kostenlos publizieren

Bibliografische Information der Deutschen Nationalbibliothek:

Die Deutsche Bibliothek verzeichnet diese Publikation in der Deutschen National-
bibliografie; detaillierte bibliografische Daten sind im Internet über http://dnb.d-
nb.de/ abrufbar.

Impressum:

Copyright © 2015 GRIN Verlag, Open Publishing GmbH
Druck und Bindung: Books on Demand GmbH, Norderstedt Germany
ISBN: 978-3-668-10602-4

Dieses Buch bei GRIN:

http://www.grin.com/de/e-book/310800/entbuerokratisierung-der-pflegedokumen-
tation-gesundheitspolitik-in-deutschland

Leroy Petig, Sarvenaz Farahmand

Entbürokratisierung der Pflegedokumentation. Gesundheitspolitik in Deutschland

GRIN Verlag

GRIN - Your knowledge has value

Der GRIN Verlag publiziert seit 1998 wissenschaftliche Arbeiten von Studenten, Hochschullehrern und anderen Akademikern als eBook und gedrucktes Buch. Die Verlagswebsite www.grin.com ist die ideale Plattform zur Veröffentlichung von Hausarbeiten, Abschlussarbeiten, wissenschaftlichen Aufsätzen, Dissertationen und Fachbüchern.

Besuchen Sie uns im Internet:

http://www.grin.com/

http://www.facebook.com/grincom

http://www.twitter.com/grin_com

Gesundheitspolitik in Deutschland: Entbürokratisierung der Pflegedokumentation

Sarvenaz Farahmand & Leroy Petig ©

Gliederung

Aspekte und wichtige Bestandteile der Pflegedokumentation

- In der Pflegedokumentation werden alle Pflegeprozesse gesammelt, gezielt geplant und systematisch umgesetzt

- Beobachtung, Veränderungen, Fortschritte werden erfasst, analysiert und in der Pflegedokumentation festgehalten

Aspekte und wichtige Bestandteile der Pflegedokumentation

- Elemente der Pflegedokumentation sind:
  - Patientenstammblatt
  - Pflegeanamnese
  - Biografieblatt
  - Sammlung ärztlicher Anordnungen bzw. Therapiemaßnahmen
  - Medikamentenplan
  - Pflegeplanung
  - Pflegebericht mit Beurteilung der Ergebnisse der pflegerischen Maßnahmen
  - Durchführungsnachweis
  - Zusatzblätter

Rechtliche Grundlagen der Pflegedokumentation

- Der MDK

- Entlastung vor einem Zivilprozess

- Schutz des Trägers durch:
  - Gegenwartsnahe Dokumentation
  - Zeitlich festgehaltene Dokumentation
  - Neutrale Bewertung

Anspruch auf Einblick in die Pflegedokumentation für Patienten

- Gepflegte und Krankenkassen haben das Recht auf direkte Einsichtnahme dieser Dokumentation

- Anspruch aus rechtlicher Grundlage

- Bei dritten Beteiligten (z.B. gesetzl. Betreuer), so fern der Betroffene mündig ist, muss seine Einwilligung der Einsichtnahme erfolgen

Zielsetzung der einzelnen Arbeitsfelder in der Einrichtung bezüglich der Pflegedokumentation

- Gleichzeitig individuelle Versorgungs- und Pflegeplanung und eine flexible Arbeitseinteilung

- Probleme, Bedürfnisse und pflegerische Aufgaben werden nach Wichtigkeit Kategorisiert

- Teambesprechung und Übergaben erleichtern

- Leichterer Einblick für Kooperationsbereiche, somit effizientere Behandlungsmaßnahmen

- Dokumentationen müssen die letzten 6 Monate Umfassen, ältere Dokumentationen müssen archiviert werden

Relevanz des Dokumentiertem

- Alles was:
  - Praxisrelevant,
  - Vergütungsrelevant,
  - Prüfungsrelevant und
  - Juristisch relevant
- Sind Elemente jeder Pflegedokumentation, hierzu sollten die Angaben realitätsgemäß und Zeitnah wiedergegeben werden

Defizite der aktuellen Pflegedokumentation

Datenschutz, Handhabung und Aufbewahrung der Dokumentation

- In der Altenpflege wird es mit dem Datenschutz nicht so eng gesehen

- Persönliche Informationen liegen oftmals offen zugänglich im Wohnbereich

- Datenschutzrichtlinien werden zumeist auch für Stationszimmer nicht eingehalten, wenn Dienstpläne oder vertrauliche Informationen durch die Verglasung des Zimmers ersichtlich sind

Defizite der aktuellen Pflegedokumentation

Die Unterlagen werden vorzeitig vernichtet

Arten	Aufbewahrungsfrist	Gesetzliche Grundlage
Steuerangelegenheiten und dazugehörige Unterlagen	10 Jahre	§357 HGB (Handelsgesetzbuch)
Rechnungen	10 Jahre	§147 AO (Abgabeordnung)
Geschäftsbriefe	6 Jahre	§147 AO
Dokumentationsunterlagen	5 Jahre	§13 HeimG (Heimgesetz)
Pflegedokumentation als Nachweis gegenüber Ansprüchen	30 Jahre (30- jährige Verjährungsfrist für rechtskräftig festgestellte Ansprüche)	§197/199 BGB (Bürgerliches Gesetzbuch)
Personalunterlagen	3 Jahre (regelmäßige Verjährungsfrist)	§195 BGB

Defizite der aktuellen Pflegedokumentation

- In der Regel empfiehlt es sich die Dokumente 10 Jahre aufzubewahren

- Je länger man diese Dokumente sichert, desto leichter ist es, die Beweislast vorzulegen, bei einem körperlichen Schaden oder einer Todesursache

- 80% der Einrichtungen dokumentieren auf Papier, trotz EDV

Defizite der aktuellen Pflegedokumentation

Persönliche Daten werden herausgegeben

- Kaum ein Mitarbeiter einer Einrichtung weiß, welche Unterlagen wann an welche Person oder Institution weitergeleitet werden dürfen

- So werden auch zum Zwecke der Einstufung auch einfach Pflegedokumentation an die Pflegekassen geschickt

Defizite der aktuellen Pflegedokumentation

Alle Unterlagen werden kopiert und mitgegeben

- MDK- Prüfungen dauern unterschiedlich lange
  - 10% der Pflegebedürftigen sollen begutachtet werden

- Wenn der Prüfer nicht genügend Zeit hat, bittet dieser oftmals um die Mitnahme bestimmter Unterlagen, die von der Einrichtung zur Verfügung gestellt werden

Defizite der aktuellen Pflegedokumentation

Auf dem Wunderband wird ein Datum vermerkt

- Aus der Pflegedokumentation sollte klar ersichtlich sein, wann der nächste Verbandswechsel stattfinden soll

- Gesundheitsschädlich für Patienten

„Unsere Pflegekräfte müssen endlich mehr Zeit für die
Versorgung und Betreuung der Pflegebedürftigen haben"

Staatssekretär Laumann

"Die Medizinischen Dienste der Krankenversicherung (MDK) tragen
die Einführung des Strukturmodells voll mit. Die vereinfachte
Pflegedokumentation ist eine ausreichende Grundlage für
die Durchführung der Qualitätsprüfung. Mehr Dokumentation
brauchen die Prüfer nicht"

Dr. Peter Pick,
Geschäftsführer des Medizinischen Dienstes
des Spitzenverbandes Bund der Krankenkassen e. V. (MDS)

Entbürokratisierung

- Effizienzsteigerung der Pflegedokumentation in der ambulanten
  und stationären Langzeitpflege

- Zeitlichen Aufwand für die Pflegedokumentation möglichst zu
  minimieren

- Erstellung eines Strukturmodells um den zeitlichen Aufwand zu
  begrenzen

Entbürokratisierung

- Pflege- Neuausrichtungs- Gesetz
- Ausgangslage für das PNG sind:
  - Immer mehr Menschen werden pflegebedürftig
  - Im Jahr 2030 werden weit über drei Millionen Menschen Hilfe benötigen
  - Derzeitig sind es circa 2,4 Millionen Pflegebedürftigen

Das Pflege- Neuausrichtungs- Gesetz (PNG)

- Wurde am 29. Juni 2012 vom Bundestag beschlossen

- Insbesondere wurden Leistungen für dementiell Erkrankte in der ambulanten Versorgung erweitert

- Gestaltungsmöglichkeiten für Pflegebedürftige mit Angehörigen wurden Ausgebaut

- Die freiwillige private Vorsorge wird erstmals staatlich gefördert

Häusliche und stationäre Pflege Ende 2010

2,42 Millionen Pflegebedürftige insgesamt

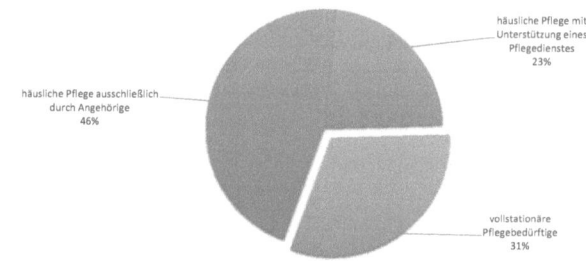

Quelle: 5. Bericht über die Entwicklung der Pflegeversicherung und den Stand der pflegerischen Versorgung in der Bundesrepublik Deutschland vom 12. Januar 2012.

Entbürokratisierung in der Pflege

- Die vom Bundesministerium für Gesundheit berufene Ombudsfrau zur Entbürokratisierung der Pflege hat Empfehlungen abgegeben:
  - Zuschüsse der Pflegekassen für Maßnahmen zur Verbesserung des individuellen Wohnumfelds

  - Die Voraussetzungen für den Abschluss eines Gesamtversorgungsvertrages werden vereinfacht

Entbürokratisierung in der Pflege

- Die Verpflichtung zugelassener Pflegeeinrichtungen zur Zahlung der ortsüblichen Vergütung wird auf die Fälle begrenzt, in denen keine Mindestentgeltregelung gilt

- Bei der Prüfung von ambulanten Pflegediensten findet heute schon eine Ankündigung der Prüfung am vorherigen Tag statt

- Bei Qualitätsprüfungen in Pflegeheimen wird klargestellt, dass sich die Bewertung nicht nur auf die Pflegedokumentation stützen darf, sondern dass die Inaugenscheinnahme der Patienten auch eine Rolle spielt

- Die Hilfsmittelversorgung wird vereinfacht

Vergleich- werden bisherige Fehler behoben?

- Datenschutz, Handhabung und Aufbewahrung der Dokumentation

- Die Unterlagen werden vorzeitig vernichtet

- Persönliche Daten werden herausgegeben

- Alle Unterlagen werden kopiert und mitgegeben

- Auf dem Wunderband wird ein Datum vermerkt

Charakteristika des Strukturmodells

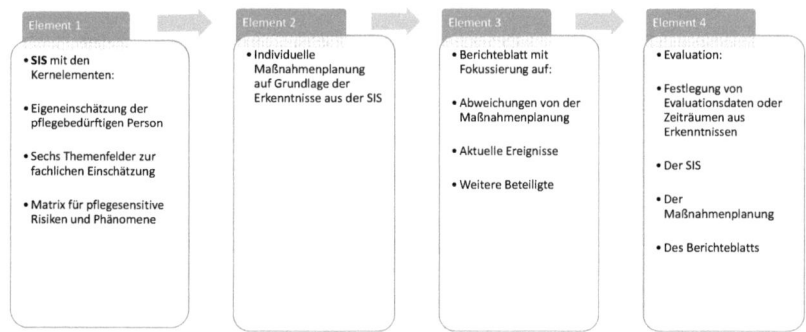

Element 1	Element 2	Element 3	Element 4
• **SIS** mit den Kernelementen: • Eigeneinschätzung der pflegebedürftigen Person • Sechs Themenfelder zur fachlichen Einschätzung • Matrix für pflegesensitive Risiken und Phänomene	• Individuelle Maßnahmenplanung auf Grundlage der Erkenntnisse aus der SIS	• Berichteblatt mit Fokussierung auf: • Abweichungen von der Maßnahmenplanung • Aktuelle Ereignisse • Weitere Beteiligte	• Evaluation: • Festlegung von Evaluationsdaten oder Zeiträumen aus Erkenntnissen • Der SIS • Der Maßnahmenplanung • Des Berichteblatts

Anforderungsprofil für die Abbildung des Strukturmodells in Dokumentationssystemen

Kategorie A:	Muss- Kriterien	Bei Abweichungen von den Kriterien handelt es sich definitiv nicht mehr um eine Abbildung des Strukturmodells
Kategorie B:	Soll-Kriterien	Die empfohlene Ausprägung beruht auf fundierten fachlichen Überlegungen. Abweichungen davon können dazu führen, dass die fachlichen und praktischen Intentionen des gesamten Konzepts beeinträchtigt werden.
Kategorie C:	Kann- Kriterien bzw. Gestaltungsempfehlungen	Die Empfehlung beruht nicht auf einer fachlichen oder wissenschaftlichen Begründung bzw. Vorgabe. Es ist aber damit zu rechnen, dass sich die hier empfohlene Gestaltung als ein Standard etabliert bzw. in der Praxis als bewährt angesehen wird, so dass Abweichungen nicht empfehlenswert sind.

Grafische Darstellung mit Bezeichnung der Felder der Strukturierten Informationssammlung (SIS)

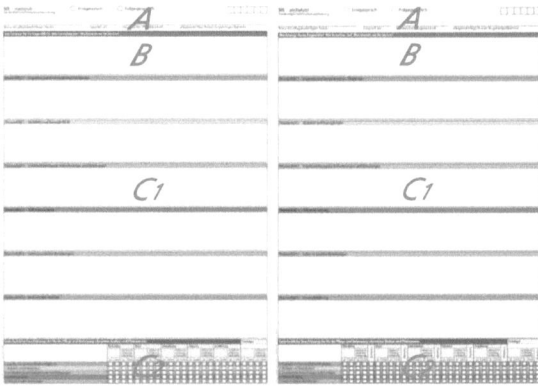

Anforderungsprofil für die Abbildung des Strukturmodells in Dokumentationssystemen

Lfd. Nr.	Thema bzw. Fragestellung	Empfehlung, Leitsatz	Begründung	Kategorie	Geltungsbereich
Element 1 - Strukturierte Informationssammlung (SIS)					
			Felder des SIS Bogens gesamt		
1	Felder weglassen	Keine Felder weglassen.	Die Strukturierte Informationssammlung ist ein wissenschaftsbasiertes Konzept zum Einstieg in den vierphasigen Pflegeprozess, welches durch die Strukturierung anhand von 4 Feldern (A, B, C1, C2) inhaltlich aufeinander abgestimmt ist. Durch die systematische Anwendung werden alle für die pflegerische Versorgung und Betreuung notwendigen Informationen erfasst.	A	amb / stat
2	Felder ergänzen	Keine Felder ergänzen.	Die Anzahl und die Funktion der Felder wurde in den Expertengruppen unter dem Gesichtspunkt gute Orientierung und Übersichtlichkeit sowie auf der Grundlage fachwissenschaftlicher Aspekte entwickelt und festgelegt. Voraussetzung war, dass in den vorgegebenen Feldern die wesentlichen pflegerelevanten Informationen zur individuellen Situationseinschätzung bei der pflege- und hilfebedürftigen Person erfasst werden können und die Struktur Verknüpfungen abbildet.	A	amb / stat

Bereitgestellt von der Bundesregierung
erstellt durch die Arbeitsgruppe „Technischer Implementierungsleitfaden"   25. August 2015
Quelle: https://www.ein-step.de/fileadmin/content/documents/Anforderungsprofil_Abbildung_Strukturmodell_in_Dokumentationssystemen_V1.0_2015-08-25.pdf

Entbürokratisierung der Pflegedokumentation (SIS)

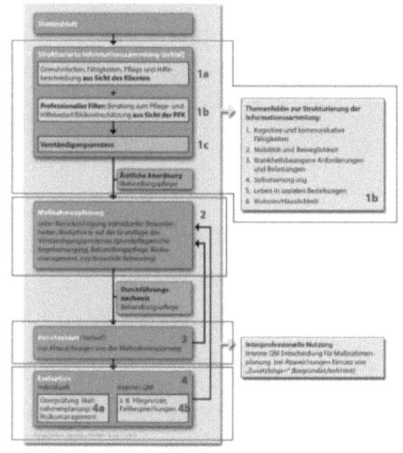

Quelle: Elisabeth Beikirch/Karla Kämmer/
Prof. Dr. Martina Roes et.al., Handlungsanleitung, i.A. des
Bundesministeriums für Gesundheit

Schulungen für die neue Pflegedokumentation

• Schulung für die Multiplikatoren der Verbände der Träger von Pflegeeinrichtungen

• Die geschulten Multiplikatoren übernehmen nun den Aufbau von Expertise bei der Einführung des Strukturmodells

• Von März bis Juli 2015 haben die Regionalkoordinatoren des Projektbüros bundesweit
  • 640 Multiplikatoren in insgesamt 64 Schulungen in 24 Städten geschult

• Sie werden teilnehmende verbandszugehörige Pflegeeinrichtungen schulen

21. August 2015

Kann die Strukturierte Informationssammlung (SIS) als "isoliertes Formular" in ein bestehendes Dokumentationssystem integriert werden?

- Paradigmenwechsel

- Grundlage für die neue Pflegedokumentation sind die vier Elemente des Strukturmodells

- Die Anwendung der SIS als Einstieg in den Pflegeprozess bedeutet eine Konzentration auf die Perspektive der pflegebedürftigen Person

- Für positive Effekte der Dokumentationspraxis müssen folgende Inhalte berücksichtigt werden:
  - muss die Pflegedokumentation einschließlich der Maßnahmenplanung,
  - des Berichteblatts und
  - der Evaluation auf Basis des Strukturmodells

Zwischenbilanz zur Umsetzung der neuen Pflegedokumentation

- Das Bundesministerium für Gesundheit hat auf wissenschaftlicher Grundlage ein Modell entwickelt, mit dem eine effizientere und schlankere Pflegedokumentation möglich ist

- Fast 30 Prozent sämtlicher Pflegeeinrichtungen in Deutschland erreicht

- Wichtig ist, dass die Medizinischen Dienste der Krankenversicherung, der Prüfdienst der PKV und die Heimaufsichten der Länder als kontrollierende Prüfinstanzen der Einrichtungen das Projekt uneingeschränkt mittragen

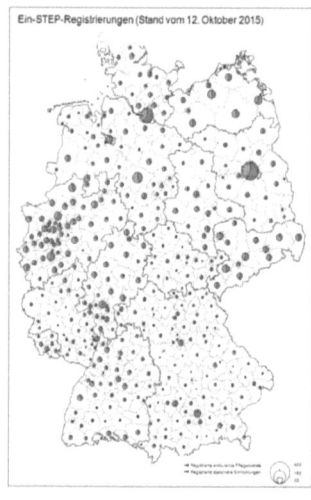
Ein-STEP-Registrierungen (Stand vom 12. Oktober 2015)

Zwischenbilanz zur Umsetzung der neuen Pflegedokumentation

- Bislang haben sich bereits über 7.100 Pflegeheime und ambulante Pflegedienste für die Umstellung auf das neue Modell entschieden

- Damit wurden fast 30 Prozent sämtlicher Pflegeeinrichtungen in Deutschland erreicht

Mittwoch, 02. September 2015 10:03
Quelle: https://www.ein-step.de/pflegeeinrichtungen/registrierungsstand/

Literaturverzeichnis

- http://patientenbeauftragter.de/
- http://patientenbeauftragter.de/images/dokumente_version11/Anforderungsprofil_Abbildung_Strukturmodell_in_DokumentationssystemenV1.pdf
- http://www.bmg.bund.de/glossarbegriffe/p-q/pflege-vorsorgefoerderung.html
- http://patientenbeauftragter.de/images/dokumente_version11/schaubild_strukturmodell_stationaer_11.pdf
- http://patientenbeauftragter.de/images/dokumente_version11/Handlungsanleitung_zum_neuen_Strukturmodell_11.pdf
- http://patientenbeauftragter.de/index.php/pflegebeauftragter/11-pressemitteilungen/pflege/111-ein-step-registrierunge

BEI GRIN MACHT SICH IHR
WISSEN BEZAHLT

- Wir veröffentlichen Ihre Hausarbeit,
  Bachelor- und Masterarbeit

- Ihr eigenes eBook und Buch -
  weltweit in allen wichtigen Shops

- Verdienen Sie an jedem Verkauf

Jetzt bei www.GRIN.com hochladen
und kostenlos publizieren